흔적 지우기

오무임 시집

흔적 지우기

한강

서문

최광호 | 시인·(사)한국문화예술연대 이사장 |

 오무임 시인은 자신이 살아가는 주변의 이야기를 생생하게 시화詩化하고 있다. 시 곳곳에는 따뜻한 인간의 체취가 배어 있어 깊은 감동을 느끼게 한다. 시인은 이웃, 가족, 친구, 사물, 공간, 자연에 대한 섬세한 관찰과 자상한 관심을 통해 시적 대상과 자아와의 동일성의 시정신을 구현하고 있다.
 이런 오무임 시인의 시 언어는 명징하며 간결하다. 자신의 다양한 일상의 편린들을 무리한 이미지로 비약하지 않으며 이야기하듯 타자와 자아의 삶을 아우르며 위로를 안겨 주고 있다.

 가만히 속삭임을 듣는다./ 또다시 찾아온 가을바람이/ 귓가에 다가와서는/ '지금 가을이야.' / 언제 여름이 지나갔는지 모를 만큼/ 더웠고 비가 많이 내렸으며/ 불이 잦았던 그 시간들은/ 가을바람의 인사로/ 낙엽이 보이고/ 하늘이 높고/ 구름이 아름다웠다./ 같은 계절을 수십 번 보내고 나서야,/ 진정으로 느낄 수 있는 내가/ 이제 가을로 접어든 모양이다. // 높은 하늘 뜬구름에 손을 모으고/ 모두가 행복하길 빌고 싶다.

—⟨가을은 오고⟩ 전문

자연의 순리를 통해 삶의 의미를 되새기게 한다. 오무임 시인에게 있어 시는 한정된 가을이라는 시간에 삶이라는 무한의 질서를 설정하는 공간으로 작용하고 있다. 이는 시인의 시쓰기에 있어 작법의 바탕이 되고 있으며 이러한 시간의 한정에서 무한의 질서를 이끌어 내는 것은 시인의 첨예한 사유에서 비롯됨은 말할 나위 없다.

나의 아버지 오봉근/ 나의 어머니 유원순/ 당신께서 남긴 혈육이/ 그리움에 눈물지어요/ (중략)/ 생생한 그 음성과/ 따뜻한 사랑이 제 안에 계심을/ 문득문득 느끼므로 고마움이/ 피어납니다./ 이제/ 아버지와 어머니의 모습은/ 거울 안에서 보이기 시작한답니다./ 아버지께서 지어 주신/ 이름으로/ 세상을 살면서/ 행복했습니다./ 어머니께서 저에게 그려 주신/ 어머니의 모습/ 아침마다 함께 웃습니다.

—⟨나의 부모님⟩ 일부

오무임 시인은 오래전에 세상을 떠나신 아버지, 어머

니를 회상하며 소중한 사랑을 다시 한번 깨닫는다. 과거에 응집된 부모님에 대한 사랑의 기억은 죽음으로 인해 슬픔으로 다가오지만 시인은 이를 통해 삶의 본질을 깨닫게 되고 부모님의 사랑을 재발견하게 된다.

이처럼 시인의 시쓰기에 있어 또 하나의 특징이라 할 수 있는 것은 개인 삶의 내면에서 비롯된 성찰의 사유를 통해 따뜻한 사랑 나아가 인간애를 이끌어 내고 있다.

강물에 빠진 달은/ 지금도 그 자리에 있는데/ 함께 보던 친구들은/ 하늘나라에 갔다./ 하늘에 뜬 달을 찾으러 갔는지/ 하나둘 사라지더니/ 태화강의 물결이/ 또렷한 달빛으로/ 지난 시간들을 비추어 준다./ 오막살이에서,/ 석탄을 주우며/ 솔방울로 교실을 훈훈하게 했던 일/ 강냉이죽을 끓여 주시던 소사 선생님/ 잊을 수 없는 시간들에서/ 지금은 만날 수 없지만/ 만우절에 사라진 거짓말처럼/ 이제 태화강의 달로 돌아가는 길에 // 친구야 달과 함께 너도 오면 안 될까?

― 〈태화강에 잠긴 달〉 전문

시인은 끊임없이 삶의 본질을 찾고자 한다. 삶의 궁극적 물음을 통해 얻게 되는 작은 기억들이 얼마나 소중한 것인지 새삼 깨닫게 한다.

시인이 고향과 친구를 사랑하는 마음은 인간애에 대한 겸손의 갈구라 할 수 있다. 오무임 시인은 시를 통해 시인의 삶을 그대로 드러내 보이고 있다. 유년이라는 구체

적인 삶 자체에서 진실되고 절실한 것을 이끌어 내고 있다. 시공간에서 진실되고 절실한 것은 시인의 인생에 대한 관조의 노력에서 비롯되는 것이다.

"집이 팔렸대" // 경로당에서는 1년 동안/ 회원 두 분이/ 하늘나라로 가시고/ "집을 판다면서? 딸이 들어와 산다며."/ 이런 말들이 경로당을/ 조용히 우울한 시간을 만들었다./ 혼자 지내시던 짐들이/ 밖으로 내다 버려지고/ 그녀들의 살아온 흔적들이/ 쓰레기로 웅크리고 있어도/ 아무도 관심을 가지지 않는다. // 남아 있는 사람들은/ 아흔여섯 살, 여든아홉 살,/ 오래 사셨으니 좋은 곳으로 가셨을 거라시며/ 다음 차례를 짐작하시는/ 또래 회원들의 생각은 깊어지고/ 경로당에는 한참 동안 // 먹먹한 시간만이 흐르고 있었다.

—⟨흔적 지우기⟩ 전문

타인의 삶을 통해 인생의 무상함을 형상화하고 있다. 오무임 시인은 시를 통해 자신이 몸 담고 있는 삶의 공간에서 깊이 있는 시적 사유를 통해 노년의 아픔을 통감하고 고뇌하고 있으며 때론 추억을 되뇌이며 삶을 위로하고자 한다. 이는 구체적 삶에 대한 실존의 자각에서 비롯된 시쓰기이기에 깊은 울림을 주고 있다.

금번에 상재하는 오무임 시인의 시집 『흔적 지우기』는 시인을 고뇌하게 하는 현실과 삶에 대한 다양한 체험에서 비롯된 성찰의식이 일상의 소박한 소재와 주제를 통해 따뜻하게 형상화되고 있다. 무엇보다 현란하지 않은 시쓰기와 난해하지 않은 시어는 시를 독해하는 데 있어 감동을 더하고 있으며 아울러 허위적 요소를 배재한 시적 정서는 시를 읽는 내내 감동을 선사하고 있다. 이러한 시인의 시를 오랫동안 만나기를 기대하며 서문 몇 자 적는다.

2025년 8월
문학공간에서

시인의 말

시를 배우고
시를 읽으며
좋았던 시간들
그러다가
문득 생각이 시키는 대로 적어 둔 글들로
세 번째 시집을 묶어 본다.

사랑하는 마음과
그리움을 담았다.
부끄럽지만
읽는 사람들이
행복했으면 좋겠다.

2025년 초가을에
오무임

오무암 시집   흔적 지우기

□ 서문_최광호
□ 시인의 말

제1부 커피와의 이별

갈비뼈 골절 —— 17
걷는 운동 —— 18
경로당 가는 길에 —— 19
경로당에서 —— 20
경로잔치 —— 21
별이 빛나는 밤에도 —— 22
복권방 —— 23
앞이 캄캄할 때 —— 24
여름 텃밭 —— 25
오늘도 걸으며 —— 26
월례회의 —— 27
응급차를 타고 가시더니 —— 28
치매 때문에 —— 30
치매 예방 운동 —— 31
커피와의 이별 —— 32
흔적 지우기 —— 33

흔적 지우기 　　　　　　　　　　　　　오무임 시집

제2부 살아가는 동안에

37 ── 고질병
38 ── 노인대학 졸업식
39 ── 아름다운 꽃들이
40 ── 먼 길 끝에서
41 ── 변하는 것들
42 ── 살아가는 동안에
43 ── 슬픈 계절
44 ── 시간
45 ── 아프지 마세요
46 ── 오지랖
47 ── 제자리
48 ── 천상원에서
49 ── 또다시 찾아온 새해
50 ── 한 해의 마지막 날에

오무임 시집 **혼적 지우기**

제3부 사랑하는 이에게

그럼에도 불구하고 —— 53
꿈속에서 —— 55
마음 —— 56
물 흐르듯이 —— 57
바람처럼 —— 58
사월에는 —— 59
우울의 강 —— 60
이제는 —— 61
파도에게 —— 62
풀꽃 —— 63
풀꽃처럼 —— 64
그리움 —— 65
비가 내리면 —— 66
사랑하는 이에게 —— 67

흔적 지우기　　　　　　　　　　　　오무임 시집

제4부 보름달이 뜨는 날

71 ──── 다시 온 봄에
72 ──── 낯선 봄에
73 ──── 팔월도 한 주 남은 지금
75 ──── 가을은 오고
76 ──── 가을 되어
77 ──── 대추나무에 앉은 눈꽃
78 ──── 보름달이 뜨는 날
79 ──── 반가운 손님들
80 ──── 월악산
81 ──── 충주호를 걸으며
82 ──── 충주호
83 ──── 국화 축제장에서
84 ──── 바람 부는 날
85 ──── 비는 그치고
86 ──── 충북의 하늘
87 ──── 폭염

오무임 시집　　　　　　　　　　　　　　　혼적 지우기

제5부 그땐 그랬지

고사리·1 —— 91
고사리·2 —— 92
그땐 그랬지 —— 93
나의 부모님 —— 95
부부의 날에 —— 97
시를 쓰는 나를 —— 98
어린이집 —— 99
오월의 꽃 —— 100
유년의 추억 —— 101
이웃의 그녀는 —— 102
정민이의 첫 졸업식 —— 103
젖음의 날 —— 105
초등학교 동기회 —— 106
태화강에 잠긴 달 —— 107
친구는 어디에 —— 108

커피와의 이별

제1부

갈비뼈 골절

어쩌다 두—두둑 소리와 함께
통증이 심해
병원에 가게 된다.
노화로 인한 골절이라
재채기에도 부러질 만큼
뼈의 상태가 나빠지며
다섯 번째와 여섯 번째의 갈비뼈가
주로 골절이 잘 되는 퇴행성 골다공증

통원 치료하겠다며
처방전과 상체를 감쌀 지지대를 하고
집으로 왔으나
일상생활이 조금 부자연스럽지만
아이들이 염려할까 봐
완치 후 다치는 일이 없도록
조심해야지 다짐해 본다.

걷는 운동

손전화기에
만보기를 켜 놓고
운동화를 신는다.
한 발부터 시작하여 목표까지
걸으며
등에서 땀이 흐르고
얼굴이 붉어질 만큼의 속도로
걷고 또 걷는다.
잃어버린 건강을 찾을 수는 없겠지만
더는 잃으면 안 될 절박함이
걸음의 숫자로 희망을 준다.

건강을 위한다며
나 자신을 위해 땀을 흘리는
그 시간에도
견디는 마음의 필요함이
오늘도 웃게 한다.

경로당 가는 길에

"아이 추워"로 시작해서 들어서는
반가운 젊은 할머니들

이제 가을이 짙어 아파트 마당에는
발가벗은 산수유가 조롱조롱 매달려
빨간 엉덩이를 살랑살랑 흔들며
금방이라도 떨어질 것만 같다.
경로당에 모인 빨간 마음들이
옹기종기 모여 앉아
화투장을 느릿느릿 내미는 것처럼,
단맛은 없고 쓴맛만 남았을까.
뜨거운 마음 안에
어여쁘기만 하던 청춘이 보일 만큼
세월을 받아들인 독거노인 할머니들
오늘도 환하게 웃으며
경로당 오고 가는 길목에서 마주치면
내일 또 만나자는 인사는

늦가을의 찬기를 따스하게 한다.

경로당에서

식사 시간에 달그락달그락
세월이 달리는 소리
숟가락을 입에 넣으며
바닥으로 떨어지는 그것들은
세월을 보낸 흔적들

경로당으로 오는 시간은
행복한 시간
웃음으로 이야기하고 들으며
화투장에 정신 쏟다가
누가 선이여?

오늘도 흔들리는 젓가락으로
세월을 집는다.
절반은 입으로 절반은 바닥으로
흩어진 세월을 집으려다
자존심 하나 들키더라도

맛나게 점심시간을 웃어 본다.

경로잔치

멋진 모습으로 단장을 하고
친구들과 자리 잡고 앉은 노인들
음식과 음악이 흐르고
무대에선 어린이들의 춤사위가 꽃을 피우고
어르신들이 많이 참석하여 자리다툼도 생긴다.
봉사자들이 쉼 없이 음식을 날라도
북적거림에 부족함에 시끌벅적거린다.
옆에서 선물을 나누어 주자
모두 일어나 줄서기에 나선 어르신들
경로잔치를 마치고
어르신들의 행복한 하루를
걸음걸음에 담아
지팡이와 유모차로 돌아가는 뒷모습에도

지나간 세월이 무겁게 내려앉았다.

별이 빛나는 밤에도

아흔을 바라보시는 할머니
젊은 날 초등학교 선생님이셨다
점심시간에도 전화를 받은 뒤
식사하러 오실 때는
"몰라 머리가 비었나 봐"
잊었다가 아니고 아예 모른다를 반복하시며
별이 빛나는 밤에도 낮처럼
베란다에서 창밖을 보신다며
왜 이렇게 시간이 가지 않는지
혼자서 지내는 쓸쓸함을
온몸으로 묻어 내시며
마음의 문을 닫으셨다.

아들이 모시고 가서
주간 보호 센터에 다니신다네

복권방

목행동에 있는 로또 판매점은
줄을 섰다.
살기가 팍팍해서일까?
너도나도 행운을 바라는 마음 가득 담은 얼굴이다
1등이 네 번이나 나왔다고
크게 붙었다.

슬며시 나도 한 장을 구매하였다.
다음 주엔 부자가 되어 있으려나
이미 입꼬리가 귀까지 올랐다.

앞이 캄캄할 때

눈이 보이지 않는다.
하늘이 무너졌을까?
황당함으로 자신을 억제할 수 없거나
믿었다가 버림받았고,
억울한 마음으로
혼자서 상처를 어루만지며
마음의 눈을 말했다면,

그러나
이제는 진짜로 보이지 않으려
흐리고
돋보기를 끼고 책을 보게 되면
수필 몇 편을 읽거나
시집을 절반도 못 읽고
머리가 아프거나
눈이 아파서
정말 앞이 캄캄하다.

의술도 한계라는데

여름 텃밭

추억을 먹고 세월을 논하시는
어르신들을 위한 텃밭에서
세상 싱그러운 오이와
호박이랑 상추, 쑥갓으로
점심을 차린다.
쌈과 시래기나물 볶음과
애호박을 살짝 넣은
콩가루 무친 호박잎 된장국에
하얀 쌀밥이
나이 든 청년들의 힘든 수저 소리마저
맛으로 저민다.
시간이 빠르게 흐르면서
기억도 자꾸만 지워지는
경로당의 하루가

오늘도 저물어 간다.

오늘도 걸으며

하루에 시오리를 걷는다.
한 시간이 조금 더 걸리거나
조금 덜 걸리기도 한다.
오리의 거리를 세 바퀴 돈다.
지난번엔 네 바퀴에서
세 바퀴로 줄여서 걷는데도
다리가 아프고 힘들어진다.
앞으론 두 바퀴로 줄 것 같다
힘들어서

그런데 나는 어머니께
많이 걸으시라고
늘 말했었다.

월례회의

애국가 소리가 들리는 경로당
한 달에 한 번이라도 태극기 앞에서
일흔이 넘은 분부터 아흔이 넘은
젊은 오빠 언니들이
서로의 의견도 내고 소통도 하는
격식을 갖추는 시간
박수 소리가 나면
맛있는 점심 식사와 음악이
나이를 잊게 만든다.
밖에서는 경로당에 왜 가는가?

늙음을 인정하기 싫은 사람들이
버티며 하는 말

응급차를 타고 가시더니

"밥이 안 넘어가"
하시며
입안에서 우물거리시던
그 여인은
응급차를 타곤 금방 다녀온다며
손을 흔들더니
이제는 경로당에서 뵐 수가 없어
가끔은 늘 앉았던 자리를 보며
그리워하게 한다.

하늘나라에 가셨다며
한 달여 만에 자녀들이 경로당을 찾아와
어머니의 마지막 선물이라며
들고 온 떡은 눈물을 담았다.

올해 아홉수라서
내년 아흔을 채우면
오래 살 수 있을 거라며
모두를 웃게 하시던 농담이

아직도 경로당을 맴도는데

빈자리가 슬프다.

치매 때문에

경로당에서 유일하게
걱정스러운 아픔
해마다 조금씩 심해지더니
기어코
친구들의 곁을 떠났다.
여든여덟의 옷을 입으시고
젊은 날의 추억도 가물거림에
기억은 걸음걸음에 담아 놓고
해맑게 웃으며
"몰라"
늘 몰라만 하신다.
그러나 이젠
그 몰라 소리도 듣지 못한다.
아들이 모시고 간 그곳에서는
행복한 하루하루가 되시길
손 모은다.

치매 예방 운동

우리 경로당에서는
매주 세 번의 운동 프로그램이 있다.
어르신들의 적극적인 참여로
늘 열기가 뜨겁다는
강사의 이야기다.
앉아서 하는 운동이지만
조금 더 건강해지려는 마음은
젊은이 못지않다.
한 시간의 시간이 짧다고 하시며
그날은 기다림의 시간을
설렘으로 채우시며
따라 하시는 몸짓이 꽃으로 피어난다.

커피와의 이별

사랑과의 이별이 몇 번째인지
세어 보진 않았지만
오늘의 이별 통보는
아픔보다 그리움을 만든다.
세월이 많은 색깔로 바뀌면서도
헤어지지 않았었고,
오히려 기대어서 지낸 시간들은
몇 번의 경고를 받았으나
조금 줄이는 쪽을 택했었다.
하지만 오늘의 의사는 단호하고도
엄하게 이별하라고 명하였다.
죽기 살기로 끊으라는 그 말
지키지 못하고 아주 조금만
아주 연하게 먹으면서
건강을 생각만 하는 이 시간까지
그리움으로 남겨 본다.

흔적 지우기

"집이 팔렸대"

경로당에서는 1년 동안
회원 두 분이
하늘나라로 가시고
"집을 판다면서? 딸이 들어와 산다며."
이런 말들이 경로당을
조용히 우울한 시간을 만들었다.
혼자 지내시던 짐들이
밖으로 내다 버려지고
그녀들의 살아온 흔적들이
쓰레기로 웅크리고 있어도
아무도 관심을 가지지 않는다.

남아 있는 사람들은
아흔여섯 살, 여든아홉 살,
오래 사셨으니 좋은 곳으로 가셨을 거라시며
다음 차례를 짐작하시는
또래 회원들의 생각은 깊어지고

경로당에는 한참 동안

먹먹한 시간만이 흐르고 있었다.

살아가는 동안에

제2부

고질병

나도 알고 있다.
목소리가 너무 커서
사람들이 돌아본다는 것을
그러나
어머니께서 물려주신 목통을
조절하지 못하는
고질병을 보태면,
비만 올 것을
천둥과 바람이 함께 올 때이다.
조용조용히 다정다감도 알고 있다.
잘 안될 뿐이다.

그래서 고질병이라 말한다.

노인대학 졸업식

우린 고개 숙이지 않았어
세월의 바람에 지쳐 있을 뿐
공감의 시간에서
울어 버린 눈물을 먹고 자란
행복의 꽃송이들이
더욱 아름답고 향기로웠어

아름다운 꽃들이

오늘에서야
더욱 이쁘고 향기로운
노인대학 학우님들
시간이 흘러 진한 꿀물이
뚝뚝 떨어지니
스치고 지나 버린 발자국이
선명히 남을 것 같아요
아름답고 이쁜 꽃님들
부디 건강하시고
맑은 향기 뿜으소서

먼 길 끝에서

바쁘게 달려온 날들
돌아보니 저기 저만치
긴 그림자를 만들었고
땀으로 그려진 세월이 그곳에 있어
참으로 열심히 살았구나
알 것 같아

아직도 가야 하는데
어제처럼 열정도 희망도
내 안에 있건만
더는 갈 곳이 안 보여
조용히 눈을 감아 보니

저 먼 길 끝에 서성이는
내가 보인다.

변하는 것들

계절이 바뀔 때마다
마음이 변하더니
몸도 변하기 시작하고
머리카락의 색이 바뀌더니
선명하게 보이던 사물이
흐리게 보이며
급기야는
무릎과 허리가
앉고 서기를 불편하게 한다.

생각도 게으름을 피워
모든 것들이 귀찮아지고
소중한 기억들도
저만치서 가까이 오길 힘들어한다.

변하는 것들 안에
소중한 사람들은
변하지 않기를 간절히 빌어 본다.

살아가는 동안에

부모님께서 만들어 주신
내 안의 장기들이
하나둘씩 변하면서
키도 낮아지고, 소화력도 줄어
식사도 활동량도 멈추어지네

일흔이 넘고 팔순이 넘은 나이에도
건강을 생각하며
최소한의 걷기라도 하려고
만보기를 들여다본다.

또래의 친구들보다
내가 건강함을 자랑하면서
보행기를 끌면서도
동네 한 바퀴라도 더 돌고 싶어
손잡이에 힘을 불끈 쥐어 본다.

슬픈 계절

늘 보던 이파리 하나
툭 하고 떨어지고
바람처럼 상큼하던 시간도
곁을 지나 버린 후
홀로 되새김질하는 그 시간들을
차가운 겨울바람 따라
호젓하게 바라보는
눈 덮인 산야

따뜻한 아랫목처럼
그 누군가가 나를
기다려 반겨 주려나

시간

오늘도 하루는 열리고
나는 또 같은 일상에 머물고
그대는 오직
내려다만 보는
허무와 생존 사이에도
시간은 흘러
그리움을 만들었던
많은 순간들이
이제 조금씩 흩어지고 나면

그때엔
나 또한 그리움이 되겠지

아프지 마세요

어머니께서 살아 계실 적에
내가 했던 말이었다.
그 말을 지금
아이들이 나에게 하고 있다.

예전에 어머니께서는
누가 아프고 싶은 사람이 있겠느냐
시며 걱정하지 말라 하셨다.

지금 내가 아이들에
"노력할게, 걱정하지 마" 하고 있다.
그러면서도
밤엔 밤대로 낮엔 낮대로
아픈 곳이 많아진다.

조용해지는 날
아이는 슬픈 눈물 흘리겠지

오지랖

'오지랖도 넓어'
진한 우스개로 넘기며
살아온
삶 속에서
묻어온 얼룩들과
그 안에서도
아름다운 그림이
함께 있어
물처럼 흘러버린 시간들까지
작은 내 삶에
행복한
미소 한 자락
붙여 넣었다.

아직도 오지랖은 열려 있고

제자리

입버릇처럼 늘 했던 말
물건을 사용하고 제자리에 두라던 말
지금 생각하니
가족들의 불편했던 마음들이
그 자리를 채우고 있었나 보다.
이제 어디에 두었는지
적어 둔 메모장이 있는 자리도
깜깜한 적이 많아지며
잘 둔다고 둔 물건들이
엉뚱한 자리에서 반긴다.

아직은 이르지만
언제인가는 찾아갈 길목에서
제자리는 잘 찾아갈까?
빈 웃음 지어 본다.

천상원에서

하늘이 너무 높아

손이 닿지 않아

분명 당신이 그곳에 있는데

잡히지 않아,

하루를 쌓아 흐른 세월

그동안 웃는 나는

서러웠었다.

또다시 찾아온 새해

어제처럼
새해라며 찾아왔던 너를 만나 행복했었다.
그런데 오늘 이렇게 너를 보내야만
또 다른 새해가 내 곁으로 올 수가 있기에
아쉬움을 가득 안고 너의 손을 놓는다.
또다시 새해로 찾아오길 바라며
안녕이라는 단어로 이별을 고하는 마음
너도 같으리라 믿는다.
너를 만난 시간들은 행복했었다고 말하고 싶어
고마웠어. 안－녕

한 해의 마지막 날에

엄마의 젖을 떼고도
일흔 번을 넘게 들었던 '송구영신'
오늘 밤도 제야의 종소리를 들으며
나는 또 무슨 생각을 할까?
슬픔을 가득 안고서도
희망의 새해였었고
언제나 소중한 목표를 넘기며
'괜찮아 언젠가는 당도하겠지'
그런데 어제 경로당 노인회장을 맡게 되어
또 하나의 목표가 생겼다.
마지막 봉사자로
날마다 제정신으로 살게 하소서

사랑하는 이에게

제3부

그럼에도 불구하고

늙은 소녀는 생각에 잠긴다.
스스로 배려하며 다정다감을
피우지 못한 꽃처럼 담고 있음을 들키고
풀지 못하는 마음 하나둘씩 쌓이더니
털지 못한 통증들이 위와 쓸개 폐까지,
피우지 못한 사랑 송이처럼
오늘도 내 안에서 꿈틀거리며
아픔을 만들고 있다.
얼굴은 오만상 찡그리며
아름답다 말하고
행복하자 말하고 웃는다
그러다가 건강한 겉모습과
사랑이 가득한 꽃으로 위장한
늙어 가는 소녀는
자기가 왜 아픈지도 잘 알고 있으나
그럼에도 불구하고
짧은 시간을 요리조리 재단하여
예쁜 꽃 한 송이
더 피우려 애만 태우지

그리고는
가득한 그리움 떨칠 수가 없어
바보상자 앞에서는
휴지통 안고 산다더라

꿈속에서

문을 두드리는 소리에
빈 가슴에도
두려움을 담아
그대로 따라갔다.

아침에 눈을 떠보니
심장이 뛰고 있었다.

마음

잠시 숨겨도 될 것을
홀딱 벗는 마음이 야속하다.
나도 그쪽도
모두가 힘듦을 알면서
잠시 헤매다가
제자리로 돌아온 대화가
찢어진 마음들도 모은다.

어설픈 미소도 함께 왔다.

물 흐르듯이

겨울 마음에도
흐르는 물
따뜻하고 조용히
흐르는 물
미사 시간에 가만히
전해 온다.
속삭이듯 알려 주는
맑고 정하게
흐르는 물
얼음이 녹듯이
마음에 쌓인 찌꺼기들도
사르르 녹아
흐르는 물처럼
그렇게
정화되리라

바람처럼

그는
같은 표정으로 반긴다.
언제나 그렇다.
조그만 상자 안에서
달랑
한 장의 사진으로
정녕. 영원히
잊혀지지 않을
사랑 같았던 이야기들을
슬그머니
내 기억에서
가져가고 있다.

바람도 불지 않는데

사월에는

열무와 얼갈이를
섞어 만든 겉절이가
입맛을 돋운다.
온 가족들은 둘러앉아
행복한 식사를 하면서
마음을 모은다.

그러나 섞이지 못하는
생각들이 맛을 내지 못하고
우왕좌왕 갈팡질팡하다가

또다시 역사를 만들고 말았다.

우울의 강

가끔
나도 모르게
풍덩 하고
빠진다.
한참을 적신 마음이
물기를 뚝뚝 흘리며
슬금슬금
빠져나온다.

아직도 마르지 않은
그 강에서

이제는

그리움도 사치
사랑은 저 멀리
외로움까지 지우려 하네

높은 하늘도
하얀 구름도
길가의 넝쿨장미까지도
소리 내어 크게 웃다가
들킨 소녀처럼
수줍음으로 다가오네

미운 마음까지도 웃으며
지워졌으면 좋겠다.

파도에게

망상의 해변에 춤추는 파도여
나를 에워싸고 있는
지난 시간들에서
슬픈 기억들을
너에게 주고 가면
안 되겠니?
또다시 찾아와서
되가져가더라도
지금은 모두 너에게
실려 보내고 싶구나
수평선으로
나에게서
잠시 떼어다 주렴

풀꽃

난
너의 숨결이 듣고 싶어
몸을 낮추어
조심조심 다가갔어
그리곤 아주 가까이
귀를 너의 입술에 가져갔지

나는 눈을 감은 채
달콤한 너의 향기와 속삭임에
한 백 년쯤은 지탱할
마음의 양식을 얻었고
조금씩
달콤한 향기를 내는
풀꽃이 되고 싶었어

낮은 자세로 다가오는
외로움을 위해서

풀꽃처럼

걷는 곳마다 보이는
작고 화려한 꽃들
지나는 걸음이 밟기라도 할까 봐
조심스럽다.
저 꽃들처럼
생명이 있는 모두가 꽃을 피운다.
나도
나에게서 피어난
소중한 꽃을
어떤 모습으로 피웠을까?
아름다운 색으로
누군가의 눈 속에 잠겨 봤을까?
그래도 언젠가는
저 풀꽃처럼
들리지 않는 숨소리 죽이며
잔잔히 꽃잎을 지우겠지

그리움

오늘도
그리움 하나
동그랗게 눈을 뜬다.
어쩌자고 자꾸만 칭얼대는지
한겨울에도 만날 수 있는
세상 속에 신선한 채소들.
내 안의 그리움은
오뉴월에도
만질 수가 없다.
안섶을 헤치고 더듬어 본들
그 어디에도 내 사랑은 없다.
물물이 찾아오는 그리움을
오늘도 안으로 삭인다.

비가 내리면

우산을 들고
그리움 만나러 나선다.
우울함을 떨쳐 보려고
나선 거리는
더욱 쓸쓸하게 만들고
축축하게 젖은 마음 무겁게 안고
집으로 향한다.
내려놓지 못하는 슬픔
방바닥에 쏟아
빗소리를 덮는다.

사랑하는 이에게

그동안 많이 울었지
행복해서 울고 슬퍼서 울고
그래도 지금은 많이 웃잖아
가슴에 차곡차곡 쌓였던 외로움들이
장미의 미소로 피어나
그리웠던 골짜기마다 향기로 채우고 있잖니
이제 오랜 시간을 견디며 버틴 아름드리 기둥에서
구멍이 숭숭 나 아픔을 토하기도 하지
진실로 수고 많았다.
이제 비로소 많은 것들이 보이고
들리고 알게 되니 세월이 너를 키운 것이야.
조금만 더 두 발로 걷자
그리고 두 손으로 자신을 가꾸어
행복의 꽃을 피우다 아름답게 지는
한 송이가 되자

보름달이 뜨는 날

제4부

다시 온 봄에

왜 이제야
봄의 이야기들이
귓전에 찾아왔을까요
수많은 봄들이 그냥
무정하게 스쳐 갔을 터이지요
아쉬움을 느낄 여유보다
지금을 만끽하고 싶어
귀를 바짝 대어 보지만
이미 예전에 했던 이야기들은
할 수 없다고 하네요
그래서
이렇게 말해 봅니다.
그동안 모른 체해서
미안했었다고
지금부터
유정하자고요.

낯선 봄에

조금씩 달라지고 있는 사계절에
돌아온 이 봄이 무척 을씨년스럽다.
며칠은 웃다가
며칠은 춤을 추더니
또 눈발을 뿌리며
따뜻한 기운을 찾아 올라온
새싹과 꽃잎을 안타깝게 무너뜨린다.
지구의 반란인지
자연을 훼손시킨 벌이 아니라면
더 이상 낯선 봄을
만나고 싶지 않구나.

팔월도 한 주 남은 지금

지난 기억으로는
광복절이 지나면 서늘한 기운이
가을을 가져다 놓았는데
지금은 밤과 낮을 가리지 않고
화를 뿜어내는 지구

인간이 지구를 화나게도 했지
온갖 썩지 않는 쓰레기들로
지구를 덮었으니
숨쉬기가 힘든 지구가 열 받았겠지

인간이 이렇게 힘든데
말 못하는 야생의 생명들은
얼마나 힘이 들까
목마른 갈증에 기운이나 차리려나
배 채우러 나왔다가 자동차와 박치기했다네

이제 며칠 지나면 9월이고
추석이 다가온다.

그래도 자연의 힘으로 곡식을 영글게 해
햅쌀로 차례를 지내겠지
하지만
차례를 없애기로 하여
내년엔 우리 집 차례상은 못 보겠군

가을은 오고

가만히 속삭임을 듣는다.
또다시 찾아온 가을바람이
귓가에 다가와서는
'지금 가을이야.'
언제 여름이 지나갔는지 모를 만큼
더웠고 비가 많이 내렸으며
불이 잦았던 그 시간들은
가을바람의 인사로
낙엽이 보이고
하늘이 높고
구름이 아름다웠다.
같은 계절을 수십 번 보내고 나서야,
진정으로 느낄 수 있는 내가
이제 가을로 접어든 모양이다.

높은 하늘 뜬구름에 손을 모으고
모두가 행복하길 빌고 싶다.

가을 되어

나도 가을 되어
아름다운 단풍잎 될까?
그네에 앉은
또 하나의 가을은
생각에 잠긴다.

대추나무에 앉은 눈꽃

창밖을 바라보다가
어머나
대추나무에 매화꽃이 피었네
밋밋한 겨울에 내린
하얀 눈꽃이 추억을 불러와
강아지랑 뛰어놀던
어린 시절이
그곳에 있었다.

보름달이 뜨는 날

해 지고 어두운 밤
수많은 가로등이 있어도
달빛은 다르네
은은하게 구석구석
가로등이 비추지 못하는 그 어디라도
달빛은 살피네
잠들지 못하는 마음들의 이야기들도
듣고 다니나 봐
그 이야기 듣다가
긴 밤을 홀딱 뜬눈으로
아침을 열어 주고 가네

반가운 손님들

비가 오려고 하늘이 잔뜩 찌푸린 오후에
새로 사귄 친구들에게 먹이를 주고
밥그릇 설거지도 해 주었더니
고맙다고 짹짹거리며 인사를 한다.

처음엔 콩새라는 녀석들이 와서 먹더니
이젠 아주 작은 참새들도 눈치를 보며 떼로 찾아온다.
하지만 내가 베란다에 나타나면
후루룩 날아가 버린다.

허전함에 젖어 먼 하늘에
마음을 전하는 순간
하늘문이 열리고
반가움이 쏟아진다.

가뭄을 적시는 소리 후두둑
마음을 적시는 소리 후두둑
생명이 웃는 소리 후두둑

사랑이 샘솟는 이 땅에서

월악산

산새가 험하고 가파른 산길을
숨을 헐떡이며 오르던 그는
어느덧 세월이 흘러
노래만 남기고 떠나갔다.
'월악산 난간머리 희미한 저 달아'
노랫말을 만들고, 곡을 붙이던
멋진 그는
충주의 하늘나라에서
지금도 충북을 위한
고향 노래를 만들고
있겠지

충주호를 걸으며

어쩌면 저리도
계곡 사이를 품어 안고
유유히 자는 듯 누워서는
하늘을 마음껏 껴안고
구름 한 조각도 놓칠세라
시리도록 맑음이
왠지 먼지 가득한 내 마음도
씻어 줄 것 같구나
이 가을 안에서
너의 아름다움이 더욱 도드라져
하늘과 맞닿은 저쪽 산봉우리가
달려서 오고 있구나
이제 몇 잎 남지 않은
노란 은행잎이
너를 향해 날아가려나 봐
말끔하게 씻어 달라고

충주호

며칠째 내린 비로 강수량이 높아
수문을 열었다는 뉴스에서
초당 구천 톤을 방류한다고 한다.
맑고 깊은 충주호가 흙탕물이 되었겠지

그러나 며칠이 지나면
언제 그랬느냐며 푸른 하늘을 담고는
시간의 비밀들을 간직한 채
모두를 끌어안고 시원한 미소로
만나는 사람마다 손잡아 주며
힘듦은 달라고 하더라

그래서 모두 너를 찾는지도 몰라

국화 축제장에서
─청남대

꽃구경하다가
예쁜 다람쥐를 만났네
너무 반가워
눈 맞춤하다가
시간 가는 줄 몰랐네
꽃향기에 우리는
한참을 빠졌다네
다음에 또 만나기로 하고
헤어졌다네.

바람 부는 날

창밖에서 나뭇잎들의 속삭이는 소리
문틈 사이로 귀를 간지럽힌다.
어쩌면 눈으로도
속삭임을 듣고 있었는지 모른다.
백 년이 넘어 혹독한 더위와 가뭄이
사람들의 마음을 갈라지게 하더니
말복이 지나 처서가 다가오자
한풀 꺾인 더위가 바람을 타고 있다.
출렁이는 세상사에도
시원한 한 줄기 바람 불어와
행복한 웃음들이
바람을 타고
전국을 나들이하는
그런 날들이 오기를 바라는
저 세찬 속삭임이 아닐까 싶다.

비는 그치고

무섭게 쏟아지던 비가
뚝 그쳤다.
곳곳에서 수마의 흔적들이 아픈 생채기로
많은 사람들의 마음을 숙연하게 만들더니
'힌남노'는 그렇게 떠나갔다.

뜨거운 태양이 하얀 구름 사이로
얼굴을 쏘-옥 내민다.
푸르른 하늘이
내가 울었느냐며
환하게 웃고 있다.

찢어지고 쓰러진 처참함이
하루빨리 저 하늘처럼
아무 일도 없었다며
활기찬 일상으로 돌아가기를

돌 틈 사이로 노란 얼굴을 내미는 풀꽃들이
향기로운 미소로 기도한다.
나도 함께 손 모은다.

충북의 하늘

미호천이 범람하고
지하 차도에는
사망자가 발견되었다는데
천재지변이라 하네,
인재라고도 하네,

해마다 장마와 태풍으로
집과 생명을 앗아가는
같은 참담함을
비 그친 하늘은 미안함인가
웃고만 있네

폭염

날마다 뜨거운 날씨를 재난 문자로 알려 준다.
인간의 잘못으로 지구가 화가 났나 보다
텔레비전 뉴스에서는
언제 무더위가 끝을 낼 것인지 알지 못한다고 한다.
삼복에도 며칠은 덥고 며칠은 시원하여
숨을 쉴 수가 있었는데
지금은 숨쉬기가 힘들 정도로 무더위가 심하다.
지구는 무슨 말로 용서를 구하면
받아 줄까?

그땐 그랬지 — 제5부

고사리 · 1

나의 유년 시절이 남겨진 그곳
고사리※ 다리 밑에는
아직도 붕어가 넓적다리만 한 것들이
다리 기둥에 손만 닿으면 내 손 안으로 들어온다.
물이 맑아 발가벗은 몸이 몽땅 보이던
그 물속에서 붕어처럼 놀고 있는 나는
시간을 잊고 있었다.

기름 냄새가 도시를 흐르고
매연이 하늘을 덮는 공업 단지 울산
그곳에 고사리가 숨어 버렸다.
한글을 떼었던 학교도
내가 신문을 읽어 드리면
백 환짜리 동전을 주시던
아저씨도
고사리처럼 사라지고 없다.
지금은

※고사리: 울산 SK 자리에 묻힌 마을 이름

고사리 · 2

고사리
그곳에는 사랑하는 딸의 이름을 부르는
아버지의 목소리가 있다.
젊은 영혼으로
아픔의 고통을 두 손으로 움켜쥔
그 손 안에는
마지막까지 잊지 못하고
놓지도 못한
예쁜 고사리 같은 자식들의 이름들이
허공을 맴돌아
내가 살아 있는 이곳으로
메아리 되어 날고 있다.

그 사랑이 다시 피어 오시려나

그땐 그랬지

오래전 가을이었지
학교에 가지 않는 날이면
어머니께서 삶은 고구마를
나의 손에 건네주시면
동생을 데리고
깡통 몇 개가 매달려
벼를 지키고 있는 논으로 갔었지
황금빛 벼 위에서
참새들이 앉거나 주위를 맴돌면
우리는 줄을 살짝 당기며
훠이훠이 하면
빈 깡통이 댕그랑거리며
참새들의 간을 키웠었지

지금은 아파트 마당에서도
짹짹거리며 날아다닌다.
살며시 문을 열고
'애들아 안녕
오래전에 너희들의 식사를

훼방 놓았던 일 미안했었어.'

나는 몸집이 작아진 참새들을 보며
추억에 잠겨 본다.

나의 부모님

나의 아버지 오봉근
나의 어머니 유원순
당신께서 남긴 혈육이
그리움에 눈물지어요
떠나신 지 하도 오래되어
가물거리는 모습에도
생생한 그 음성과
따뜻한 사랑이 제 안에 계심을
문득문득 느끼므로 고마움이
피어납니다.
이제
아버지와 어머니의 모습은
거울 안에서 보이기 시작한답니다.
아버지께서 지어 주신
이름으로
세상을 살면서
행복했습니다.
어머니께서 저에게 그려 주신
어머니의 모습

아침마다 함께 웃습니다.
고마웠습니다.
사랑합니다.

부부의 날에

우리 부부는 행복했던가?
가끔은
마음 따로 몸 따로라고
부글거리며 지냈던 아까운 시간들이
먼 햇살처럼 따사로운 것은
곁에 있을 때는 모르고
떠나면 알게 되는
뜨거운 욕심이
함께 가버린 탓일까?

그래도 지금은 보고 싶어

시를 쓰는 나를

친구들이 작가님이라 불러 준다.
부끄럽다
베스트셀러 작가도 아닌 자유시를 적고 있는 나를
자랑스럽다
말해 주는 동무들은 초등학교 동기들이다.

오십 년이 훌쩍 넘어도 그 언덕에선
아직도 해맑은 웃음소리 들리고
온갖 기쁨은 다 가진 우리가
뒷걸음으로 다가오고 있다.

흙먼지로 뒤덮인 아픔들을 멀리하고
행복했던 기억들로 가득 채운
햇살 가득한 운동장으로 찬찬히 걷는다.
모든 관절이 움직이는 한
38※의 꽃은 피울 것이다.

아름다운 향기와 함께

※38: 울산대현초등학교 졸업 기수

어린이집

아들이 다녔고
서른 해가 지나서
손자가 졸업했으니
세월이 참 많이 지났음이다
두 아이 모두 세월이 키웠으나
손자를 기저귀 찬 채로
데려다주던 그 마음은
안타까움으로 가득했었는데
초등학생으로 이젠 학교에서 자라게 되었네
다양하고 아름다운 세상을
건강하고 정의로운 인간으로
잘 성장해 주길 손 모으며
긴 삶을
사랑받고 사랑하는 사람으로
살아가길 바란다.

오월의 꽃

아이들이 엄마를 보러 오면서
꽃과 선물 보따리를 들었다.
해마다 어린이날과 어버이날은 물론이고
생일들이 포함된 달이다.
이번엔 가정의 달에 포함된 모든 행사를
어린이날로 정해서 모였다.
맛있는 음식과
아이들의 재롱으로 행복한 시간을 보내고
선물들이 펼쳐진다.
향내가 나는 꽃바구니를 풀고
한 송이를 당기라고 하여 꽃을 당겼더니
돈이 줄줄이 나온다.

그러자니 자식들은 얼마나 힘들었을까.

오월의 꽃은
사랑스럽고 어여쁜 너희들이란다.

유년의 추억

태화강은 아직도 흐르고 있고
물새들은 유유한데
강물 따라 떠나 버린 나의 유년아
남기고 버린 그 무엇도
덧없음을
장생포에서 바라본 유안마을의 친구들
어디에서 행복이란 무지개를
바라보며 지내는지
우리가 손을 넣어 잡던 바닷가의
조개 녀석이
아직도
살아서 나를 노려보는군

이웃의 그녀는

많이 아프다.
남편의 부릅뜬 눈과 강한 말투에
두려운 눈으로 불안해한다.
그의 남편에게 나는 말했다.

"그렇게 하지 말아요.
아내가 아프잖아요.
다정다감으로 보듬어 주어요.
많은 시간의 아픔까지도
어루만져 주는 편이 되세요.
몸과 마음은 따로이지만
사회적으로 한몸이 된 내 편이잖아요."

사는 날까지
서로를 바라보는 눈에서
기쁨이 넘치는 두 분이길 바라는 마음
가득 담아 아는 소리를 하였다.

하늘은 맑았다.

정민이의 첫 졸업식

집 나이로 여덟 살 손자가
어린이집 졸업식에 초대하였다.

언젠가 나에게
"할머니 나 졸업하고 싶지 않아"
왜냐고 물었더니
"선생님을 못 보니까"

그랬던 아이가 오늘 졸업식장에서
선생님을 꼭 안아 주는 모습을 보였다.
할머니가 들고 간 꽃다발을
선생님의 가슴에 안겨 주는 모습을 보고
아비가 하는 말
"금방 잊을 걸" 하며 껄껄껄

"아빠 얼마나 지나면 잊을 수 있어?"
아이의 마음엔 초등학교와
푸른 하늘반 선생님 사이에서
그네를 타는 동안

삶의 시계가 설렘과 그리움을 알게 해 주는
멋지고 아름다운 졸업식이
몇 송이 꽃으로 피고 지는 순간이었겠지

졸업과 동시에 학생이 될 여덟 송이의 예쁜 희망은
엄마 아빠의 행복한 눈물을 훔치게 하는
그 순간에도
조금씩 자라고 있었다.

젖음의 날

섣달그믐날
처음으로 아이들 집에서 보냈다.
초등학교 일학년 손자가

"할머니 오늘은 젖음의 날"

유난히도 많이 내린 눈을
아빠 엄마랑 동생이 함께
눈사람을 만들고 온 아이가
젖은 옷을 털며 한 말이었다.

천지를 뒤덮었다고 할 만큼
많은 눈을 마음껏 즐기다가
몸과 마음이 행복에 젖었으리라

초등학교 동기회

염색한 검정 머리에
분을 바르고
빨간 입술을 한 얼굴에
조글조글 주름 반
행복한 시간은 지난날의 이야기들

그리고
건강해라에서
아프지 말자까지
만남의 시간은 잠시지만
한 해에 몇 번
그래도 만나면
어제도 만난 친구인 것 같아

아픈 곳 슬픈 곳 다 들추고
먼저 간 남편 이야기와
손자 이야기까지
헤어지려면 또 하는 말
친구야 건강해라
사랑한데이

태화강에 잠긴 달

강물에 빠진 달은
지금도 그 자리에 있는데
함께 보던 친구들은
하늘나라에 갔다.
하늘에 뜬 달을 찾으러 갔는지
하나둘 사라지더니
태화강의 물결이
또렷한 달빛으로
지난 시간들을 비추어 준다.
오막살이에서,
석탄을 주우며
솔방울로 교실을 훈훈하게 했던 일
강냉이죽을 끓여 주시던 소사 선생님
잊을 수 없는 시간들에서
지금은 만날 수 없지만
만우절에 사라진 거짓말처럼
이제 태화강의 달로 돌아가는 길에

친구야 달과 함께 너도 오면 안 될까?

친구는 어디에

날마다 전화하고
무슨 일이나 함께 염려하였던
소꿉친구도
이 가을엔 전화를 받지 않는다.
멀고 먼 가을의 시작점에서
오히려 나에게 이 가을을 선물한 것일까
일흔이 되고 조금 지나서
마지막 목소리를 전화로 들었다.
"친구야 너무 아프다."

우리는 일흔 기념으로
베트남으로 여행을 가기로 했지
그런데 갑자기 병원이라며
전화가 왔고 너무 아프다는 말소리엔
통증을 담고 있었다.
그리고 얼마 후
그녀의 아들에게서 슬픈 소식을 전해 들었다.

이제 아프지 않고

잘 있다는 말이라도
바람에 실어 보내 주렴.

흔적 지우기

발행 ㅣ 2025년 8월 22일
지은이 ㅣ 오무임
펴낸이 ㅣ 김명덕
펴낸곳 ㅣ 한강출판사
홈페이지 ㅣ www.mhspace.co.kr
등록 ㅣ 1988년 1월 15일(제8-39호)
주소 ㅣ 서울특별시 종로구 삼일대로 457, 501호(경운동)
전화 02) 735-4257, 734-4283   **팩스** 02) 739-4285

값 12,000원

ISBN 978-89-5794-593-3 04810
   978-89-88440-00-1 (세트)

※저자와의 협약에 의해 인지는 생략합니다.
※잘못된 책은 바꾸어 드립니다.
※이 책은 충주시, 충주문화관광재단의 후원을 받아 충주문화예술지원사업의 일환으로 발간되었습니다.